KB240999

나타
부한
테일즈런너 Tales Runner
부수한자 6
http://cafe.naver.com/chunjaebooks
NAVER 리틀북카페 에 들어오시면
다양한 이벤트 및 정보를 보실 수 있습니다.

테일즈러너 나타부한 부수한자 6권

발행일 : 2014년 7월 1일 초판 / 2014년 7월 1일 1쇄

발행처 : (주)천재교육

발행인 : 최용준

책임편집 : 이미순, 최은정

기획편집 : 이복선, 안흥식

마케팅 : 김철우

제작 : 황성진

글쓴이 : 이준범

그린이 : 이정태

신고번호 : 제 2001-000018호(1980. 5. 28)

편집 : 02-3282-8512

영업 : 02-3282-1675

팩스 : 02-3282-1717

고객만족센터 : 1577-0902

주소 : 153-801 서울특별시 금천구 가산로 9길 54

홈페이지 http://little.chunjae.co.kr/

ISBN 978-89-269-6674-7 63710

감수의 글

"하늘 천(天), 땅 지(地), 검을 현(玄), 누를 황(黃)……."
한자를 무조건 외우기만 하면 이해도 안 되고 어렵기만 합니다. 어떻게 하면 쉽고 재미있게 공부할 수 있을까요? 바로 부수한자를 만화로 배우면 됩니다.

"부수한자 해 일(日)로 만든 한자는 때 시(時), 어제 작(昨)이 있네? 아하~ 해 일(日)은 시간이나 날짜와 관련된 한자를 만들 때 쓰는구나!"
부수한자는 한자의 기본이 되는 것으로, 부수가 같은 한자는 서로 연관된 의미를 갖습니다. 따라서 부수한자를 알면 한자의 의미를 이해하는 데 많은 도움이 됩니다.

한자를 '쉽게' 공부하는 방법에 대한 답이 부수한자라면, '재미있게' 에 대한 답은 누가 뭐라 해도 역시 만화가 아닐까요? 〈테일즈런너 나타부한 부수한자〉의 주인공들과 흥미진진한 모험을 함께하는 사이 많은 부수한자를 저절로 알게 될 것입니다.

많은 어린이들이 이 책을 통해 부수한자를 쉽고 재미있게 공부하여 한자와 친해지기를 바랍니다.

감수자 일동 : 허시봉, 정규돈, 김준영
(전국한문교사모임)

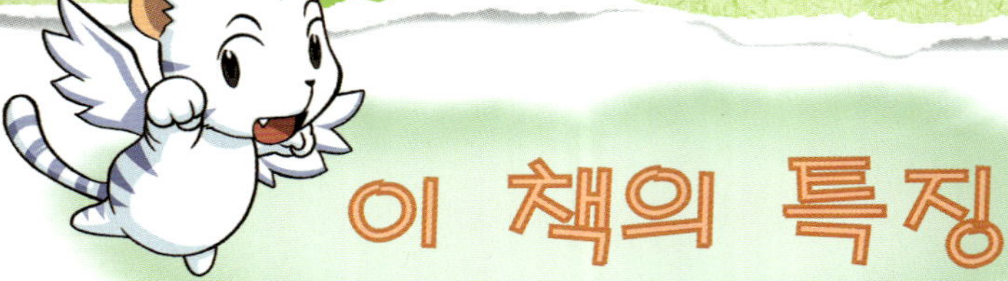

이 책의 특징

1 ## 일거양득(一擧兩得)

: 한 가지 일로 두 가지 이익을 얻음.

이 책 한 권으로 '학습'과 '재미'를 모두 얻을 수 있습니다.

2 ## 박장대소(拍掌大笑)

: 손뼉을 치며 크게 웃음.

테일즈런너와 금동이의 코믹하고 흥미진진한 모험을 함께하며 신 나게 웃을 수 있습니다.

3 ## 파죽지세(破竹之勢)

: 적을 거침없이 물리치고 쳐들어가는 기세.

한자능력검정시험에 자주 출제되는 한자들을 이야기로 구성하여 실전에서 막힘이 없도록 돕습니다.

4 ## 철두철미(徹頭徹尾)

: 처음부터 끝까지 빈틈없고 철저함.

부수한자와 한자의 생성 원리, 한자성어 등 한자의 모든 것을 담았습니다.

나타부한(나타나라 부수한자)!

• 부수한자란?

부수한자는 수많은 한자들 중 공통성이 있는 것끼리 모아 그 부분을 대표하는 글자를 내세운 것입니다. 총 214자이며 한자사전(漢字辭典)에서 한자를 찾을 때 기준이 됩니다. 자기 스스로가 부수여서 '제부수한자' 라고도 합니다.

• 스토리텔링 연상법으로 214자 부수한자 익히기

제부수한자인 해 일(日)은 달 월(月)과 만나 밝을 명(明)이, 잠깐 사(乍)와 만나 어제 작(昨)이 됩니다. 〈테일즈런너 나타부한 부수한자〉는 214자의 부수한자를 재미있는 만화로 담았습니다. 이 책을 통해 주인공과 함께 신 나는 모험을 하면서 자연스럽게 한자를 익힐 수 있습니다.

• 부수한자 마법 나타부한 활용하기

만화 속 인물들이 "나타부한!"을 외치면 부수한자가 나타나고 그 부수한자를 사용해서 부수한자 마법을 쓸 수 있습니다. 빨간색으로 강조한 부분이 부수한자이며, 그 아래에는 한자의 필순을 표기하여 학습에 도움이 되도록 하였습니다.

口 입구 ｜ 冂 口

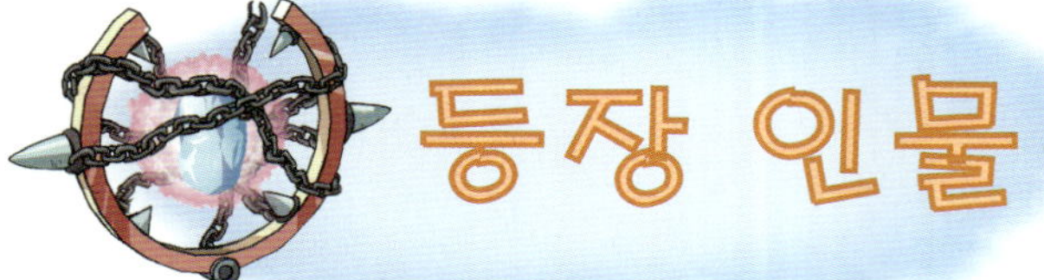

등 장 인 물

※ 아래 ■■■ 는 캐릭터의 능력을 표시한 것입니다.

금 동 이

마력	정의감

0 — 70 — 100

부수한자 쇠 금 金 의 기운을 타고 태어난 선비이며
한대제의 제자이다. 한타지의 모든 선비를 없애고 부수
한자를 독차지하려는 못된 한마황에 맞서 싸운다.

호 야

마력	초스피드 땅파기	한타지 정보 수집

0 — 30 — 60 — 100

금동이가 말썽을 피울 때는 따끔한 충고를 해 주고,
힘들 때는 위로도 해 주는 친구이다. 한타지에 대해
모르는 것이 없다.

한 마 황

마력	버럭하기

0 — 70 — 100

일월오성검을 통해 후천적으로 강력한 부수한자 마법
을 얻었다. 양반 무리의 우두머리이며 한타지를 지배
하려는 야망에 불타고 있다.

나 르 시 스

마력	시도 때도 없이 거울 보기

0 — 15 — 100

테일즈런너에서 '미'를 담당하고 있다. 아름다운 외모가
곧 무기라며 어떠한 순간에도 아름다움을 유지하기
위해 노력한다.
※전설의 아이템 : 마음 심 心 거울

한대제

모든 것이 완벽 그 자체

0　　　　　　　　　　　　　　　　　　　　　　　　100

금동의 스승. 한마황이 일월오성검으로 부수 광석을 봉인하고 한타지를 지배하자 몰래 금동이를 키우며 한마황에게 맞설 준비를 한다.

백의종

마력	쫄쫄이 옷 집착

0　　　　30　　　　　　　　　　　　　　　　　100

부수한자 흰 백 白의 선비. 부수한자 마법이 열 배 이상으로 커지는 백의종건을 무기로 쓴다.

밍밍

마력	분위기 파악 못하는 나르시스 날려버리기

0　　　　30　　　　　　　　　　　　　　　　　100

테일즈런너에서 '귀여움'을 맡고 있으며, 상냥한 말씨와 부드러운 미소를 가졌다. 하지만 한번 화가 나면 걷잡을 수 없는 다혈질이다.

※전설의 아이템 : 기운 **기** 氣 손목 보호대

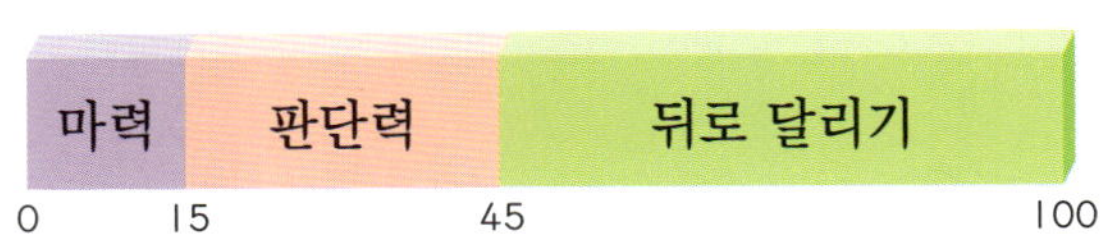

러프

마력	판단력	뒤로 달리기

0　　　15　　　　　45　　　　　　　　　　　100

테일즈런너에서 '냉정함'을 담당하고 있지만 알고 보면 마음 따뜻한 남자이다. 뒤로 빨리 달리기가 특기이며, 빠른 판단력으로 위기 상황을 잘 헤쳐나간다.

※전설의 아이템 : 빠를 **속** 速 신발

 6권 부수한자

气	一	工	二	口	示	辶	口
기운 기	한 일	장인 공	두 이	큰 입구	보일 시	책받침	입구
	8급	7급	8급		5급		7급

白	門	人	土	木	言	金	刀	靑
흰 백	문 문	사람 인	흙 토	나무 목	말씀 언	쇠 금	칼 도	푸를 청
8급	8급	8급	8급	8급	6급	8급	3급	8급

※ 한자의 순서는 책에 등장하는 순서입니다.

 6권 부수한자로 만들어진 한자

气 기운 **기**
氣
기운 **기**
7급

一 한 **일**
上	下	三	不
위 **상**	아래 **하**	석 **삼**	아닐 **불/부**
7급	7급	8급	7급

工 장인 **공**
左
왼 **좌**
7급

口 큰 입**구**
四	圖
넉 **사**	그림 **도**
8급	6급

示 보일 **시**
祖	神
조상 **조**	귀신 **신**
7급	6급

辶 책받침
速
빠를 **속**
6급

口 입**구**
同	問	各	名
한가지 **동**	물을 **문**	각각 **각**	이름 **명**
7급	7급	6급	7급

門 문 **문**
間
사이 **간**
7급

土 흙 **토**
在
있을 **재**
6급

木 나무 **목**
植	林
심을 **식**	수풀 **림**
7급	7급

言 말씀 **언**
讀
읽을 **독**
6급

刀 칼 **도**
分
나눌 **분**
6급

6권 한자성어

영설독서(비칠 **영** 映, 눈 **설** 雪, 읽을 **독** 讀, 글 **서** 書)
▶ '눈빛에 비추어 책을 읽는다.'는 뜻으로 가난을 무릅쓰고 학문하는 것을 말함.

물아일체(물건 **물** 物, 나 **아** 我, 한 **일** 一, 몸 **체** 體)
▶ '자연물과 내가 하나가 된다.'는 뜻으로 대상에 완전히 몰입하는 것을 말함.

차례

지난 줄거리

나타부한!
5권에서 무슨 일이
있었지?

봉인 해제한
나의 실력이
어떠냐?

우리는 문영의
무서운 공격을
해 년 年 마법으로
무사히 막아냈어.

이제
하늘 고을로
가자!

그 사이 한마황은
일월오성검의 힘으로
동물의 장군 카오,
식물의 장군 빠오,
지하 세계 장군 지오를
불러냈지.

▶▶▶ 삼장군의 ▶▶▶
촌스러운 포즈!

동방삭을 만나기 위해
하늘 고을로 가던 중
지율랑 선비님과 소 우 牛의
수호신 우카를 만나
앞으로의 모험을
함께하게 됐어.

나타부한!
소 우 牛!
싸
파앙

앞뒤 고을의
못된 양반 초이에
대해 알게 된 금동이는
일지매로 변신해
그를 혼내주러 갔지.
푸항

파악

무시무시한
최면 마법을 쓰는 초이의
공격을 잘 막아내고
무사히 하늘 고을로
갈 수 있을까?
6권 속으로 출발!

프롤로그
콰!
쾅!
금동아!
괜찮아?
응, 문제 없어.
크헉!
12

겁도 없이
나에게 덤비더니
꼴 좋다.
나에게 반항하면
저렇게 된다.
버릇없는 꼬맹이!
흥, 웃기지 마.
어서
내 앞에 무릎을
꿇어라.

절대 용서하지 않을 거야!
금동아!
촤악
훗!
제대로 한 방 먹여 주마!
타
나타부한! 솟아라, 기운! 기운 기 氣!
그런 어설픈 공격으로는 어림없다.
으앗!
파
氣
푸항
氣 기운 기

더 높이 피할
수는 없겠지!
팡
기운 기 氣?
훗, 제법이군.
나타부한! 한 일 一!
더 위로 가자!
위 상 上!
上
푸항

나타부한!
이번엔 아래로,
아래 하 下!
下
팟!
파악
차악
앗!
으아악!
16 下 아래 하 一 丅 下

위 상 上과 아래 하 下를 연속으로?
에잇, 받아라!
헉, 밍밍!
차아아악
뾰옹
꺄아악!
팡
이얍! 잡았어!

으아악!
쿠당탕
러프, 밍밍!
너희 괜찮아?
탁 탁 탁
크윽, 난 괜찮아.
그런데 밍밍이……!

정신 차려,
밍밍!
척
콰악
!
얌전한
녀석이 없군.
겁도 없이 감히
내 일을 방해해?
크윽! 큭!
이거 놔!

내 친구를
놔 줘!
콰앙!
좌악
내 주먹을 받아라!
파앙
나타부한!
장인 공 工!
왼쪽으로 피한다!
왼 좌 左!

휘익
으헉!
뻐
억!
으아악!
너 지금
누굴 때리는
거야……?
허걱, 러프!
아니, 이게 아닌데!
左 원좌 一 ナ ナ 左 左

후훗, 이것도 실력이지. 차이를 알겠느냐?
에잇, 치사하게 왼 좌 초로 피한 거냐?
와하하하, 저 바보! 자기 친구를 때렸네?
지금이라도 항복하거라.
베에~ 그럴 생각 없음!
흠, 봐주려고 했는데 안 되겠어.
진짜 실력을 보여 주지.
진짜 실력이라니?

나타부한!
두 이 二!
푸항
두 명의 나를
대해 봐라!
二 두이 一 二

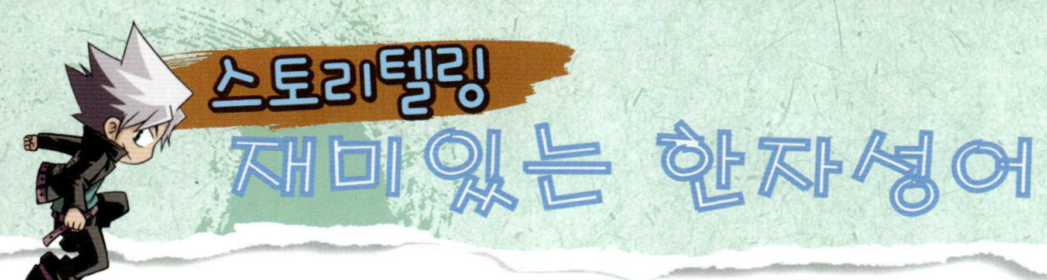

영설독서

映雪讀書

비칠 **영**　눈 **설**　읽을 **독**　글 **서**

이런저런 핑계를 대는 너에게 손강의 이야기를 해 줘야겠다.
뭔데?

'눈빛에 비추어 책을 읽는다.'는 뜻의 한자성어인 영설독서(映雪讀書)에 관한 거야.

옛날 중국 진나라의 손강이라는 사람은 가난하여 집에 등을 놓을 수 없었어. 그래서 겨울이면 밖에 나와 눈빛에 책을 비춰 글을 읽었다고 해.

가난을 핑계 삼지 않고 학문에 힘쓴 거지.
아~ 이제 알겠어.

눈 내리는 겨울을 기다려야겠네!
저 바보.

속도를 높여라!

빠를 속(速)의 부수한자는
책받침(辶)입니다.

초이처럼
강한 상대가
둘이라니!

아빠, 방법이
없을까요?
크흑,
저럴 수가!

이보게,
쇠돌이!
앗!

판석이, 거기
있었는가?

그동안 내가
미안했네.

 *자유자재(自 스스로 **자**, 由 말미암을 **유**, 自 스스로 **자**, 在 있을 **재**) : 거침없이 자기 마음대로 할 수 있음.

저 아이들을 보게.
저렇게 최선을 다해
맞서고 있지 않은가.

하지만 초이는
너무 강해요.

우리……

빠를 속 速
신발을 가진
저 아이를
믿어 보자.

힘을 합쳐
우리 앞뒤 고을과
청마를 예전처럼
되돌려 놔야 하지
않겠나?

29

두
둥
크윽, 지금도
충분히 강했는데
두 명이 되다니!
한 명씩
상대하자!

어허, 여기서
끝이라고 생각하면
안 되지.

헉!
뭐라고?
흠칫

나타부한! 한 일 一!
이번엔 셋이 된다!
석 삼 三!
팡
팡
三

나타부한!
큰 입 구 口!
넷으로 완성한다!
넉 사 四!
석 삼 三에
이어서!
넉 사 四까지
연속으로!
초이가
네 명이 됐어!
말도
안 돼!
이럴 수가!

四 넉 사 丨 冂 冂 匹 四

네 명의
초이 완성이다!
한 명도 힘든데
넷이라니······.
이제 어떡하지?

두두두두두
지옥을 맛보게 해 주마!
러프, 온다! 조심해!
응, 너도!
쫙
촤악
부웅
계속 피할 수 있을 것 같으냐?
!

정답 ✗ 석 **삼** 三의 부수한자는 한 **일** 一입니다.

촤악
촤악
촤아아아
너무 빨라.
움직임을
볼 수만
있다면
어떻게든
해 볼 텐데.
아, 그래!
보면 돼!
나타부한!
움직임을 보여라,
보일 시 휴!
푸항
휴
팟

祖 조상 조 　一 二 亍 亓 示 礻 礻 袒 祖 祖

아아······.
엄마야!
콰
앙

깜짝 놀랐네!
조상 조 祖보다
네가 더 무서워.
헤헤,
미안.

크윽.
비
틀

내가 할 수
있는 일은 없는
걸까?

내게도 남들을
도울 힘이 있으면
좋겠어.
툭
응?
청마가
나에게……?
푸륵
어?
스윽
밍밍, 위험해!

탓아앗
혁, 언제 여기까지!
한 녀석도
놓칠 수 없지!
까아악!
좌약
파악

이쪽이야!
앗!
밍밍, 괜찮아?
처, 청마가
어째서……?
아, 응!
고마워.

이게 어떻게 된 거야?
청마가 갑자기 나에게 오더라고.
탁

스스스
헉! 사라진다!

정말 고마워.

뭐, 뭐지?
우와앗!
파아아앗
번쩍

*각성(覺 깨달을 각, 醒 깰 성) : 깨어 정신을 차림.

速 빠를속 ᅳ ᅳ ᄀ ᄃ ᄆ 申 束 束 束 涑 涑 速

나타부한!
빨라져라, 속도!
빠를 속 速!
푸항
速
청마의 에너지여,
속도를 높여라!
콰
아아

헤헷, 너무
느리잖아.
받아라!
이 녀석이!
네 명이 동시에
공격한다!
훗.
촤 촥
촤아아악
46

촤
촤촤
슈학
삐엉!
청마의
빠를 속 速
뒷발차기!

크아아악!
쿠당탕

ㅅㅅㅅㅅ
이런! 내가 당하다니!

어이, 초이!

내가 몇 번이나 말했을 텐데.
뚜둑
딸꾹

부수한자 마법을
나쁘게 사용하지
말라고!
빡

끝~!
꾸엑!
쿵탕

우와아! 이겼어!
탕

정말 대단한
아이들이야.

크윽, 아직 안 끝났어!

항복하는 게 좋을걸?

쇠 금 金의 선비인 나, 기운 기 氣 마법의 밍밍, 빠를 속 速 마법의 러프까지.
우린 무적이라고.

쳇, 어리석은 것들.
으득

나에겐
날 위해 싸울 많은
부하가 있다.

지금이다! 어서
저 녀석들을 묶어라!

땡~

싫은데요?

켁!
뭐라고?

괘앙앙
감히 내 말을 듣지 않겠다는 것이냐? 나타부한!

엥? 힘이 안 모여!
꼬맹이를 상대하느라 마법 에너지를 다 썼어!
푸슉

초이의 마법 에너지가 약해졌다!
지금이 기회다!
이, 이런 젠장!

마법 에너지가
모일 때까지
후퇴다!
앗, 서라!
다 다 다

어딜 도망 가?
휘익
휘익
휘익
후, 후퇴라고!

뭐야, 별 것도
아니었어.
큭, 그러게.
아무튼!
우리의 승리다!

뭔가 시끌시끌 하네.
금동! 우리 왔어~!
내가 이거 찾느라고 얼마나 고생한 줄 알아?
우아아! 쇼핑의 거리!
나르시스! 정신 차려!
신상 옷들이다!

푸헤헤, 이 몸이 붉은 비늘을 찾았어!
붉은 비늘을 찾는 게 중요해!
파티인가?
너 정말!
고생은 내가 했지.
헤헤, 미안.

나랑 러프는 초이와 엄청난 대결을 펼쳤어.
빠를 速 속 신발 덕분에 나도 능력이 생겨서.
응?
이, 이건?
그 신발 당장 주세요!
네? 안 돼요, 선비님!
팟

한가지 동(同)의 부수한자는
입 구(口)입니다.

그 녀석들 부수한자 마법 능력이 만만치 않습니다.

으으으, 시끄러워!
부르르

그 늙은이, 대체 뭘 가르친 거지?

너무 화만 내시는 것 같습니다. 진정하시죠.
뭐라고?

 *수호신(守 지킬 수, 護 도울 호, 神 귀신 신) : 국가, 민족, 개인 등을 지키고 보호해 주는 신.

흠,
하늘 고을은
그리 만만한
곳이 아닐
텐데…….

과연 성공할
수 있을지
지켜보겠다.
네, 맡겨
주십시오.

한마황 님…!

모습이 점점
변하고 있어.
역시 일월오성검의
마력 때문인가?

한편
어서 주세요!
안 돼요!
제 신발이라고요!
아얏!
찾악
팟
굉장해!
러프의 움직임이
엄청 빨라.
저 신발이
대체 뭐기에
저러시지?
차아아앙
어?
야!
내 쪽으로
오지 마!
미안해요.
그럼 힘으로
뺏겠어요!

쿠와앗!
아까의 복수야.
러, 러프, 이 자식……!
빠직
삭
쏙
어라?
헉! 저건?
움찔

아니, 이럴 수가!

이걸 어떻게 금동이 갖고 있는 거죠?
네?

잠시 후

에엣? 그게
정말이에요?

그러니까
지율랑 선비님과
백의종 선비님은……

결혼을
약속한 사이예요.
전 백의종 선비님의
약혼녀랍니다.

백의종 선비님
저런 스타일을
좋아하시는군.

보는 눈이
좀 낮으신 것
같아.

저기,
다 들리거든요?

빠를 속 速
신발은 백의종
선비님께 드리기
위해 열심히 찾고
있던 거예요.

아까는
공격해서
미안해요.

그런 거였군.

깜짝
놀랐네.

잠깐, 하지만 그 한 마디로 그냥 믿을 수는 없어요.
네?

저희는 백의종 선비님의 목숨을 살리기 위해 모험 중이에요.

위험을 무릅 쓰고 말이죠.

호야, 지율랑 선비님을 못 믿는 거야?
아무나 동행할 수 없어요.

호호, 그 말이 맞네요. 아무나 쉽게 믿으면 안 되죠.
선비님……

이 주머니 안에 있는 물건을 보여 드리면 절 믿게 될 거예요.
주머니에 부수한자 마법이?
정말요?
헉
허걱!
잘 보세요!

이건 평범해 보이지만 사실 부수한자 마법의 주문이 걸려 있어요.
네?
나타부한!
입구 口!
푸항

口 입구 ㅣ 冂 口

팡
同
샤방
앗! 저건 흰 매화!
우리 둘의 같은 마음을 보여줘! 한가지 동 同!
이 흰 매화에는 백의종 선비님과 저의 같은 마음이 담겨 있어요.
同 한가지 동 丨 冂 冂 冋 同 同
65

맞아요.
힛.
매화가 참
아름답습니다.
지율랑 님이 더
아름답지만요.
똑
까
팡
샤방
나타부한,
흰 백 白!
白
매화가 흰색이
되었네요.
66 白 흰백 ′ ′ 白 白 白

저의 흰 백 白을 담았습니다.
저는 우리 둘의 마음이 같다는 뜻으로 입 구 口부수의 한가지 동 同을 담을게요.
그렇게 백의종 님의 흰 백 白과 저의 입 구 口를 함께 담은 거예요.
흐어어엉~, 너무 로맨틱해요!
울어?
주르륵

그런 아름다운 사랑의 증거 였다니요!
잉잉
으흑, 너희는 알아주는구나!

여자들이란……
신기하네.

 OX 퀴즈 흰 **백** 台은 제부수한자이다? (정답은 70쪽에 있어요.)

이제 저를 믿어
주실 거죠?
아, 네.
알겠어요.

그럼 이제
하늘 고을로
다 같이 가요!
한가지 동 同
마법처럼 하나의
마음으로!

어서 동방삭을
찾아서 백의종
선비님을
구하자.
응!
서두르자!

이제 우리는
가 볼게.
러프 오빠,
고마웠어요!

동방삭을 찾아
하늘 고을로
출발이다!

잠시 후
헤에~ 어째 더 높아진 것 같아.
무지개 뱀의 붉은 비늘로 뭘 어떻게 해야 하는 거지?
누구에게든 물어볼 수 있으면 좋겠는데.
이 상황에 딱 필요한 한자가 있지.
오옷, 정말? 어떤 거야?

정답 O

問 물을 **문** ｜ ｆ ｐ ｐ ｐ ｐ 門 門 門 門 問 問

물을 문(問)의
질문에 답하라!
일곱 갈래 중
어디로 가지?
하늘 고을로
가는 길이야!
무지개 뱀의
비늘이라 길도
무지개 색이네!
붉은 비늘을
들고 있으니까
붉은색 길이겠지!

차아아아앙

그렇게 단순하게 생각하면 안 돼.
잉, 그래?

이제 네 차례야. 뭐가 필요한지 알지?
응! 물론이야.

나타부한!
거짓 색깔 사이의
진짜 색깔을 알려 줘!
문 문 門 부수의
사이 간 間!
푸항
間
팟
팟
팟
그리고
비늘 색깔도
변하고 있어!
초록색
길이 빛나고
있어!
이렇게
초록색으로!

사이 간 間이 밝혀 준 이 길이 진짜야. 어서 가자!
척
아얏!
으아아아악!
차아아악
으악! 빨려 들어간다!
끄아아

엄마야야아아!
으~
도착인가?
에구,
엉덩이야.
까야아아악!
어? 잠깐만!

설마 여기가
하늘 고을?
쿠쿵

問 물을 문 丨 冂 冂 冃 冃 門 門 門 問 問 問

팡
人間
팡
팡
人間
人間
어라?
마법 한자?
人間
그래. 너희도 인간 세상에서 왔구나.
네?
사람 인 人, 사이 간 間?
인……간?
쿨룩
앗, 할아버지! 괜찮으세요?
털썩

圖

그림 도

그림 도(圖)의 부수한자는
큰 입 구(口)입니다.

圖

뭐, 나는 내 방식대로 가면 되지.
나타부한!
흙 토 土!
팡
푸
푸항
이 흙에 영양분이 있게 한다!
있을 재 在!

좋아.
있을 재 在
마법으로 식물이
자라기에 적당한
흙이 됐어.

그럼 나무를
심어 볼까?
나타부한!

부아아앙

팡

植
나무를 심어
올라가자!
나무 목 木 부수의
심을 식 植!

한편

할아버지, 좀 괜찮으세요? 어디 편찮으세요?
쿨럭, 괘…… 괜찮다.
끼잉

이건 고칠 수 있는 병이 아니란다.

하늘 고을이 병들면서 이곳 사람들도 함께 병든 거라…….
네?
스윽

그럼 여기가 정말 하늘 고을이에요?

그 살기 좋던 곳이 이렇게 폐허가 되었으니 못 믿겠지만, 맞단다. 여기가 하늘 고을이야.
그리고 우리 씨앗족도 함께 병들고…….
씨앗족 이요?
그래. 우리는 이곳에서 태어나 계속 살고 있지.
팔랑
겉보기엔 인간과 똑같아 여간해선 구분하기 힘들어.
보통 인간은 저런 거 안 나지 않나?
그러게.

너희에게
물을 문問
마법을 쓴 것도
그것 때문이란다.

인간인지
씨앗족인지 알아
보기 위해서.

머리 위의
새싹으로 알 수
있는데…….

모르시는
것 같아.

모두 병들고 이제
내 곁에는 이 녀석
뿐이야.

정말 귀여운
강아지예요.

언제부터인지
기억은 안 나지만,
계속 내 옆에
있더구나.

그런데 하늘 고을은
왜 이렇게 엉망이
된 거죠?

모두 그 소문
때문이야.

86

이곳에 부수한자 마법 능력을 극대화시켜 줄 신비의 존재가 있다는 소문!
그걸 듣고 인간 세상의 선비들이 앞다퉈 마구 올라왔지.
인간 세상의 선비들이요?

이곳을 엉망으로 만든 건……!

그들이지.

흠, 너희가 알고 있는 선비의 모습과는 많이 다를 게다. 따라오거라.
앗, 네.

헉!
여기란다.
들어오렴.
세상에
이럴 수가!

모두 정신을 잃고
쓰러져 있잖아!
쿠 쿵

부수한자
마법으로
치료를!
알았어!
소용없다.

마법으로
치료할 수
있는 상태가
아니야.

*의식(意 뜻 **의**, 識 알 **식**) : 깨어 있는 상태에서 자기 자신이나 사물에 대하여 인식하는 것.
*존재(存 있을 **존**, 在 있을 **재**) : 다른 사람의 주목을 끌 만한 대상.

그래. 너희도
동방삭을 알고
있구나.
네,
맞아요!
그분을 만나
저희 친구를 도울
방법을 알아내야
하거든요.

동방삭을 실제로
본 사람은 아무도
없어.
지금 같은
상황이면
나타날지도
모르겠지만.
무슨
말씀이세요?

전설에 의하면
동방삭은 하늘 고을이
어려울 때마다
나타났다고 해. 처음
나타난 건 수백 년 전,
지독한 흉년이
들었을 때였다지.

동방삭은 갖가지 부수한자 마법으로 곡식들을 살려냈다고 해.
그렇게 흉년을 풍년으로 바꾸고 어디론가 사라졌다고 해. 동방삭은 그 후로도 하늘 고을이 어려울 때마다 나타나 도와준다는 전설이 내려오고 있어.

 *단서(端 끝 **단**, 緒 실마리 **서**) : 어떤 문제를 해결하는 방향으로 이끌어 가는 일의 첫 부분.

생명 나무는
하늘 고을이 생기면서부터
있던 나무로, 이곳의
역사와 함께한 나무이니
현명한 답을
들려줄 게다.
우아,
정말 신기한
나무네요.

그 나무는
어디에
있어요?
금방 갈
수 있나요?
흐음…….

좋다, 내가
안내해 주마.

잠시 후
흐에엑!
귀신 나올 것 같은
분위기야!

생명 나무가 있는 곳으로 이어져 있는 미로의 숲이란다.
바로 들어가면 되나요?
그렇단다. 길을 잃지 않게 내가 도와주마.
도와 주신다고요?

길을 잘 찾을 수 있게 그림지도를 보여라!
그림 도 圖!
圖
마파
그래. 나는 고을에 일이 있어 함께 갈 수는 없고, 마지막 선물로…….
나타부한!
그림으로 되어 있어 보기 쉬울 게다. 잘 따라가거라.
고맙습니다!
어서 출발하렴.
쿨럭!
쿨럭!
앗, 할아버지!

이만 들어가 쉬세요!

그래야겠구나. 꼭 동방삭을 찾길 바라마.
네, 도와주신 은혜 잊지 않을게요.

네! 좋아요!
자, 그럼 저 그림지도를 보며 출발할까요?

생명 나무를 향해, 고고씽!
다 다 다
씨익

분위기도
으스스하고
어두워.

할아버지께서
그림 도 圖 마법으로
그림지도를 주셔서
정말 다행이야.

에이, 뭐가
무서워.
햇볕이
안 들어와서
더 어둡고
무서워.

자연스럽게
자외선 차단도 되고
좋은데!

으하하, 정말 나르시스는 못 말린다니까~!
응?

금동아, 뒤에 좀 봐!
왜, 왜 그래? 귀신이야?
푸슉

아, 잘못 봤나 봐.
야! 깜짝 놀랐잖아!

끼이잉!
어라?

아까 할아버지 옆에 있던 강아지야.
어, 정말이네!

같이 가고 싶은가 봐.
어?

저기 이상한 비석이 있어요!
뭐라고 써 있는 거지?
무슨 글씨인지 읽을 수가 없어.
그 마법이 필요하군.
푸항
나타부한! 말씀 언 言!
言

言 말씀 언 ` 一 亠 言 言 言 言

말씀 언言을
부수로, 저 글을
읽어라!
읽을 독 讀!
푸항
위청
금동아,
왜 그래?
어어?
아, 괜찮아.
잠깐 어지러웠어.

읽을 수
있어?

그대들 각자의
이름은 무엇인가?
라고 쓰여 있어.
웅
웅
웅

이름이 뭐냐고?
그럼 대답하면
되지.

벼럭
우주 최고
초절정 꽃미남,
대세 중의 대세!
내 이름은 나르시스!
움찔
그, 그럼
우리도 할까?
왜 창피해지는
걸까…….

귀엽고 사랑스러운 나는 밍밍!
부수한자 마법 천재, 나는 금동!
터프하고 시크한 남자 중의 남자, 내 이름은 러프!

에……?
하핫.

왜들 이래? 스스로 하고선.
이 바보야, 아무 변화도 없잖아!
벅럭

이 질문에 답이 될 부수한자 마법이 있을 것 같아요.
말하자면 이 비석의 글이 암호가 되는 거죠.
부수한자 마법이요?

각자의 이름, 이걸 마법으로 풀면 뭐가 될까?
앗, 알았다!

치 치사하게 둘만....
아, 네네. 그거군요!
'각자'는 각각 各 各, '이름'은 이름 명 名 이요!

나타부한! 입 구 口 부수의 각각 各 各!
푸항
名

푸항
나타부한!
다시 한 번
입 구 口 부수의
이름 명 名!
이번에도
아무런 변화가
없네요.
조용
엥?
각각 각 各과
이름 명 名이
아니라니.
후…….
그러게요.
선비님, 왜
그러세요?
갑자기
숨이 차고
어지럽네요.
各 각각 각 ′ ク 夂 夂 各 各　　名 이름 명 ′ ク タ タ 名 名　　105

정답 ✗ 읽을 **독** 讀의 부수한자는 말씀 **언** 言입니다.

크아아아아아악
아앗!
차악
크아아악!
캉
앗, 러프!
밍밍, 위험해! 피해!
타

林

수풀 림

수풀 림(林)의 부수한자는
나무 목(木)입니다.

한마황 님…….
확실히 예전과
많이 달라지셨어.

나를 다정하게
대해 주셨는데.
이제 그런
모습은 볼 수
없는 걸까?

거기 숨어서 왜
울고 있느냐, 문영.
힘첫!

아, 죄송해요.
저 때문에 잠이
깨셨나요?

문영.
내가 자꾸
변해가는 것 같아서
슬픈 것이냐?
네?

그래도 널 미워
한다거나 싫어하게
되는 일은 없을
테니 걱정 마라.
헤에,
한마황 님♡

네가 준 꽃을
이렇게 매일 보고
있지 않느냐.
음산~
예뻐해
주세요.

그런데 삼장군
말이에요.

그들의 진심이 의심스러워요. 저렇게 충성하는 척하다가 배신하면 어쩌죠?
그런 허당 녀석들이 날 위협할 수는 없지.

씨앗족도 쉽게 봐서는 안 되고, 그 외에도 손대기 어려운 상대가 많아.

게다가 이번에 빠오를 보낸 하늘 고을은 만만한 곳이 아니야.

삼장군이 모두 힘을 합친다고 해도 오히려 공격을 당하고 올걸? 후훗.
흐음……

 速 빠를 속 ⎺ ⎠ ⊓ ⊓ 市 束 束 束 涑 涑 速

아무리 빨라도
나의 빠를 속速을
당해낼 수는
없을 거다!
빠닥
빠닥
빠닥
빠닥
빠닥
빠닥

우리를 더 이상
괴롭히지 말라고!
퉁 퉁 퉁
척

인간들…….
우리
씨앗족의 적!

뭐, 씨앗족?
아까 할아버지는
이런 모습이
아니었는데?

뭐?
우리가
속은 거야!

생각해 봐! 우리를
여기까지 오게 한 건
그 할아버지였어!

아까 쓰러져 있던
많은 선비들도 그렇고,
이거 뭔가
수상해!
헉, 그러고 보니
정말!

슈우우

내 생각에도
이건 함정이야……!

털썩

그리고 부수한자
마법을 쓰면
안 되겠어.

슈우우

아까 지율랑
선비님과 금동이
마법을 쓴 뒤
힘들었던 것처럼,
지금 나도 그래.

없애야 해!
없애라!

인간들을 공격하자!

金 쇠 금 ノ 人 个 合 全 全 金 金

저리 가! 에잇, 저리 가라고!
휙
휙
휙
휙익
헉, 헉! 이대로는 이길 수 없어.
금동아, 네 등 뒤에 매화가 나타났어!
팟
응?

어, 진짜네!
앗, 매화?

혹시 백의종건을 갖고 있나요?
아, 네! 갖고 있어요.

이렇게 달걀이 되었지만요.
으헉! 맙소사!
쿵

동
이게 백의종건이라 고요?

제 손에 닿은 순간 이렇게 변했어요.

앗! 씨앗족이 다시 오고 있어!
차아아악

물러서지 않겠어! 매화가 나에게 뭔가를 알리는 거야!

차아아아
그건 바로
일지매 금동의
시작!
척
파
아
일지매
금동의 무기여,
응답하라!
우와아앗!

 OX 퀴즈 수풀 **림** 林과 심을 **식** 植의 부수한자는 같다? (정답은 122쪽에 있어요.)

두둥

*의지(意 뜻 의, 志 뜻 지) : 어떠한 일을 이루고자 하는 마음.

121

정답 O 수풀 **림** 林과 심을 **식** 植의 부수한자는 모두 나무 **목** 木입니다.

빡
빡
빡
빡
빡

척
꽤 쓸 만한 무기를 가졌네?
여태까지 할아버지가 보냈던 선비들과는 수준이 달라.
이 꼬마는 누구지?
꼬마라니? 너보다 천 년도 더 살았거든?
천 년?
나는 천 년 묵은 구미호, 미도!

*분신(分 나눌 분, 身 몸 신) : 하나의 몸체에서 갈라져 나온 것.

木 나무 목 一 十 オ 木

 林 수풀 림 一 十 オ 木 ポ 村 材 林

당연하지. 그 주문을 걸어 둔 게 바로 나니까.
헉, 뭐라고?
너희들은 부수한자 마법을 쓸 자격이 없어!
으아아악!
수풀이 온몸을 감싼다!
콰아앙

크윽, 풀어 줘! 우리한테 왜 이러는 거야?
인간이기 때문에. 그 뿐이야.
그렇게 수풀에 싸여 괴로워하는 게 어울려.
무슨 소리를 하는 거야?
파 바 바 바 박
이런 약한 풀로 나를 막을 수 있을 것 같아?

어째서 인간을
공격하는지 말해!
이유가 뭐야?

설마 너도
한마황의
부하인 거……!

약한
풀이라고?

귀신처럼 보이지 않아!

神
귀신 신
神
귀신 신(神)의 부수한자는
보일 시(示)입니다.

사삭
내 소중한
수풀을 건드리지
말라고!
차악

에잇, 나타부한!
나무 목 木!
그냥 풀일
뿐이잖아!

땅 속에 심어라!
심을 식 植!
심을 식 植?
앗, 땅 속으로 빨려 들어가!
植
푸항
쑤욱
크아아아악!
내 풀을 건드린 널 용서할 수 없어!
빡

크윽!
팍

마법으로
이 풀들을 끊어 줘!
우리가 도울게!

아니, 아니야.

미도는 나 혼자
상대할 거야.
뭐라고?
풀을 '소중하다'고
말하고, 풀을
건드리면 화를
내고……

뭔가 사정이 있는 것 같아. 이야기를 듣고 싶어.
금동!
휴, 말리지 마. 저 고집은 아무도 못 꺾어.

게다가 내 느낌도 조금 이상해.

미도에게서는 사악한 공격의 기운이 느껴지지 않아.
정말요?

흥! 그렇다고 내가 봐줄 거라 생각하는 건 아니지?

봐달라는 게 아냐. 내 힘으로 널 이기고 이야기를 들을 거야.
날 이긴다고? 꿈도 크다.

내 진짜 모습을 보고도 그런 말이 나올까?

콰아아아!
크아아아아!
잘 봐라! 이게 진짜다!

천 년 묵은
구미호의 본모습!
아아아앙!
딸꾹
지..집에 갈까
가야지
뒤도 안
돌아보고

싸움은 이제 시작이다. 준비는 됐지, 꼬마?
스스스

으앗! 귀신처럼 모습이 희미해지고 있어!
보이지 않는 상대와 싸울 수 있을까?
크허억!
뻑!

빠
크윽!
으아아악!
쿠당탕
으으......
그래서 나를
이길 수 있겠어?
허억!
볼 수 있으면 돼!
마지막 한 방이다!
콰아앙

 神 귀신 신 神

아아아……!
흣.
귀신 신 神을
쓰다니! 어림없지!
영혼 훔치기!
부욱
착착
금동아,
정신 차려!
금동아!
금동!
금동!
눈 떠!
눈 떠!

OX 퀴즈 귀신 **신** 神의 부수한자는 보일 **시** 示이다? (정답은 142쪽에 있어요.)

여기가…….
대체 어디지?
나타부한!
수풀 림 林!
친구들은
어떻게 된 거지?
응?

앗, 저기 어린 미도가 있어!
성공이다!
팡

우리 미도가 이제 수풀 림 林 마법을 아주 잘 다루는 구나.
아빠, 엄마!
좀더 푸르고 멋지게 자라게 해 볼까?

어떻게요?
잘 보렴.

정답

青 푸를 청　一 二 ＝ キ 圭 丰 青 青 青

여기가 동방삭이 사는 하늘 고을인 거지?
앗!

올라오느라 힘들었네.
그래도 이렇게 온 보람이 있네.

맞아. 경치가 엄청 좋잖아~!
허허, 그건 그래.

부스

에휴, 동방삭을 찾는 것도 중요하지만 우리 좀 쉬자.
그래. 체력을 충전 해야지.

그럼 멋진 의자라도 만들까?

이 나무가 튼튼해 보이는걸.
기대 하겠네~!

크윽! 지금 뭘 하려고……!

푸항
刀
나타부한!
칼 도 刀!
칼 도 刀를 부수로,
나무를 나눠라!
나눌 분 分!
파
파
파
팍
푸항
分

刀 칼 도 ㄱ 刀　　　分 나눌 분 ノ 八 今 分

그런 우리가 이까짓 나무 몇 그루도 손대지 못한단 말인가?
아니, 내 말은…….

정 그렇게 걱정되면 우리가 하지 않은 걸로 하면 되지.

어떻게 그렇게 한단 말인가?

나타부한!
한 일 一!
팡

우리가
하지 않은 일로!
아닐 불 不!
不
슈
학
아닐 불 不로 흔적을
없애는 거지.
흐흐, 부수한자
마법은 정말
편리하다니까.
자네 실력이
대단하군!
不 아닐 불 一 丆 丆 不

나무 몇 그루가
뭐 대수라고~!
맞아.
부족하면 또
심겠지!
으득

크으으윽!

식물을 함부로
대하는 인간!
용서하지 않겠어!

미안해…….
미안…….
응? 용케도
아직 숨이 붙어 있군.

그렇다면 다시 한 번 공격해 줘야겠는걸?
그만 둬!

내 친구를 건드리지 말라고!

당장 금동이를 살려 내!
너는 밟힌 풀 한 포기를 살리려고 노력 해 봤어?
뭐?
그런 적 없으면 가만히 있어!

맞아…….
우린 미도에게
사과해야 해…….
응?
금동아, 무슨
말이야?
네가 분노하는
이유를 알았어.
뭐라고?
너의 어린 시절을
봤어. 얼마나 마음이
아팠을까…….

금동이의 눈물에 미도의 마음이 움직일까요? 7권에서 계속됩니다.

물아일체

物 我 一 體
물건**물**　나**아**　한**일**　몸**체**

*몰입(沒 빠질 몰, 入 들 입) : 깊이 빠짐.

차례

구성과 특징

부수한자 마법 훈련, 급수 한자 마법 훈련

▲ 본책에서 공부한 부수한자와 급수 한자의 숨겨진 이야기와 여러 가지 뜻을 알 수 있고, 필순에 따라 써 볼 수 있습니다.

스토리텔링! 생활 속 한자, 교과서 속 한자

▲ 일상생활에서 활용할 수 있는 한자 단어와 교과서에 나오는 한자 단어를 재미있는 만화와 이야기 속에 담아 스토리텔링 학습을 돕습니다.

 급수 한자 실력 쌓기

▲ 한자능력검정시험과 같은 유형의 문제를 생동감 있는 만화와
함께 구성하여 한자 실력을 높일 수 있습니다.

 필순 미로 탈출

▲ 재미있는 미로 탈출 게임을 하다 보면 한자 학습에서 중요한
필순을 자연스럽게 익힐 수 있습니다.

나타부한! 보일 시 示  **5급**

알아보기

제단에 내려온 신을 보다! 보일 시!

- '示'는 신에게 제사를 지내는 제단의 모양과 제물들의 피를 나타낸 글자로, 제단에 내려온 신이 보인다는 데서 '보이다'를 뜻합니다.
- 신, 제사 등에 관한 문자를 이룹니다.
- 본책에서는 조상 **조** 祖, 귀신 **신** 神의 부수 한자입니다.

◉ 여러 가지 뜻과 음

① 보일 **시** ……… 示 ……… ② 알릴 **시**
예 지시

◉ 필순에 따라 쓰기

뜻 보일 음 시				
총 5획				

나타부한! 말씀 언 言  6급

알아보기

입으로 말을 하다! 말씀 언!

- '言'은 매울 신 辛과 입 구 口가 합쳐진
모양으로 '말하다'의 뜻을 나타냅니다.
- 말이나 말에 따르는 여러 가지 행동에 대한
문자를 이룹니다.
- 본책에서는 읽을 독 讀의 부수한자입니다.

◉ 여러 가지 뜻과 음

◉ 필순에 따라 쓰기

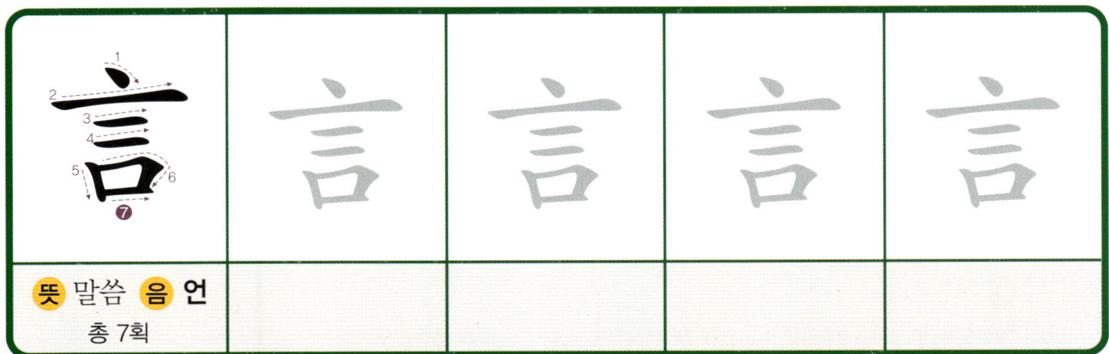

뜻 말씀 음 언 총 7획	言	言	言	言

부수한자 마법 훈련

나타부한! 칼 **도** 刀　**3급**

⊙ 여러 가지 뜻과 음

⊙ 필순에 따라 쓰기

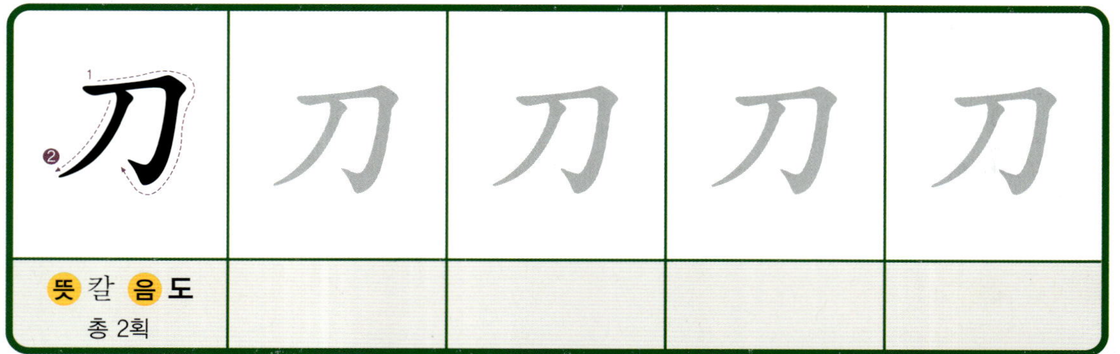

나타부한! 위 상 上 【7급】

알아보기

물건의 위쪽! 위 상!
- '上'은 선 위에 점을 찍어 물건의 위를 나타낸 글자로 '위'를 뜻합니다.
- 부수한자는 한 일 一입니다.

◉ 여러 가지 뜻과 음

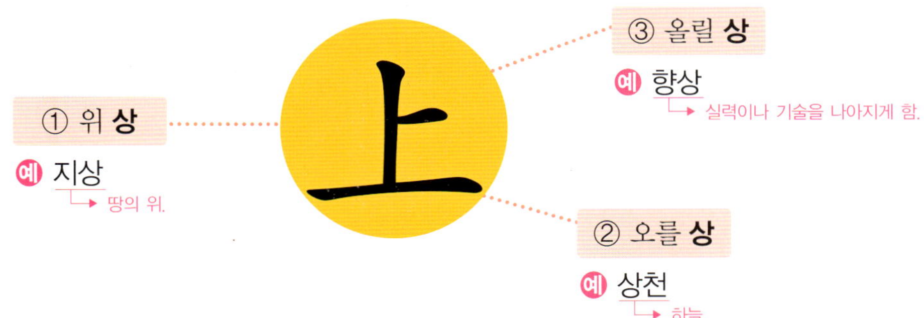

◉ 필순에 따라 쓰기

나타부한! 아래 하 下   7급

알아보기

물건의 아래쪽! 아래 하!
- '下'는 선 아래에 점을 찍어 물건의 아래를 나타낸 글자로 '아래'를 뜻합니다.
- 부수한자는 한 일 一 입니다.

◉ 여러 가지 뜻과 음

① 아래 **하**
예 상하, 지하

② 낮을 **하**
예 하위
→ 낮은 위치.

⑤ 낮출 **하**
예 비하
→ 자기 자신을 낮춤.

④ 떨어질 **하**
예 낙하

③ 내릴 **하**
예 하차, 하산
→ 산에서 내려옴.
→ 타고 있던 차에서 내림.

◉ 필순에 따라 쓰기

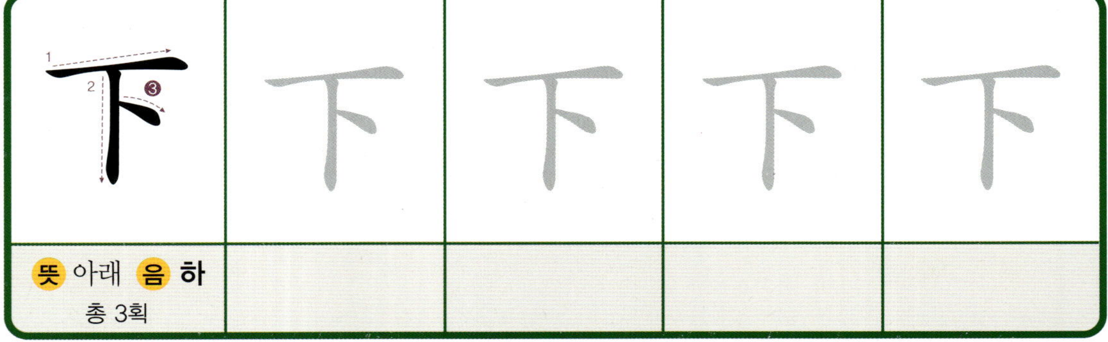

下	下	下	下	下
뜻 아래 음 하 총 3획				

나타부한! 아닐 **불/부** 不 **7급**

뿌리가 보이지 않는다! 아닐 불!
- '不'은 나무뿌리의 모양을 나타낸 글자로, 뿌리가 보이지 않는다는 데서 '아니다'를 뜻합니다.
- 뒤에 오는 글자의 첫 소리가 'ㄷ, ㅈ'일 때에는 '부'로 읽습니다.

◉ 여러 가지 뜻과 음

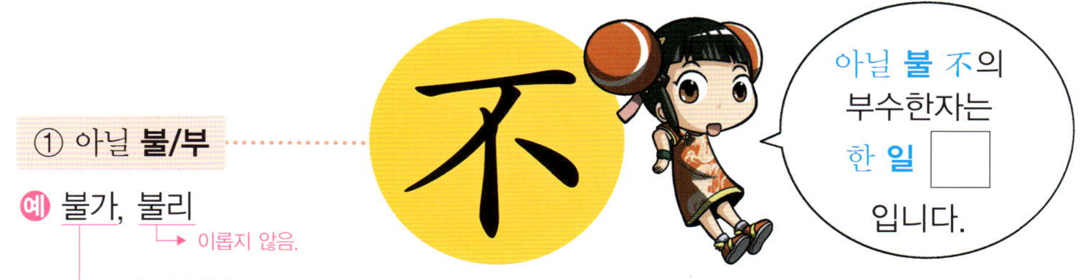

◉ 필순에 따라 쓰기

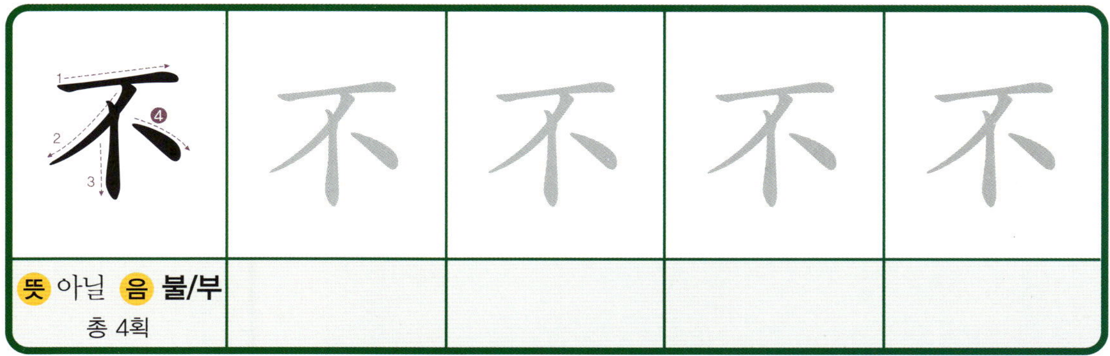

나타부한! 왼 좌 左 **7급**

◉ **여러 가지 뜻과 음**

① 왼 **좌**
예 좌우

左

② 왼쪽으로할 **좌**

◉ **필순에 따라 쓰기**

左	左	左	左	左
뜻 왼 음 좌 총 5획				

나타부한! 조상 조 祖 **7급**

◉ 여러 가지 뜻과 음

① 조상 **조**

예 시조, 원조
　　→ 어떤 일을
　　　 처음으로 시작한 사람.
　　→ 한 겨레의
　　　 맨 처음이 되는 조상.

◉ 필순에 따라 쓰기

祖	祖	祖	祖	祖
뜻 조상 **음** 조 총 10획				

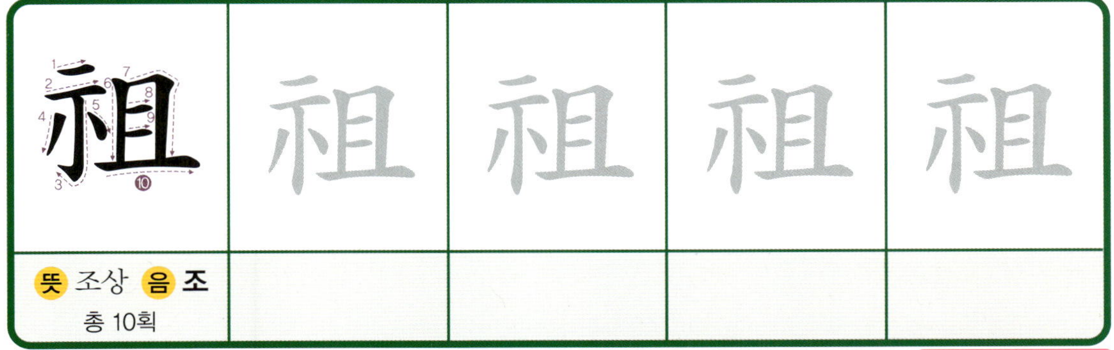

나타부한! 한가지 **동** 同 **7급**

알아보기

그릇과 그릇의 뚜껑은 한가지! 한가지 동!
- '同'은 그릇과 그릇 뚜껑 모양을 나타낸 글자로, 그릇과 그릇 뚜껑은 하나라는 데서 '한가지'를 뜻합니다.
- 부수한자는 입 **구** 口입니다.

◉ 여러 가지 뜻과 음

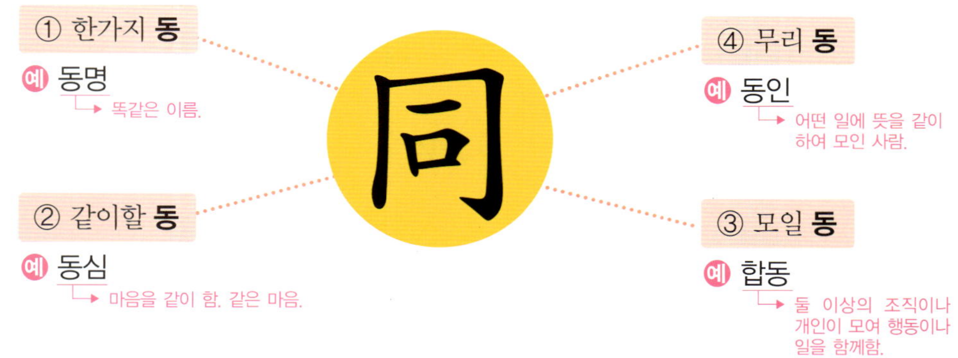

① 한가지 **동**
예 동명
→ 똑같은 이름.

② 같이할 **동**
예 동심
→ 마음을 같이 함. 같은 마음.

④ 무리 **동**
예 동인
→ 어떤 일에 뜻을 같이 하여 모인 사람.

③ 모일 **동**
예 합동
→ 둘 이상의 조직이나 개인이 모여 행동이나 일을 함께함.

◉ 필순에 따라 쓰기

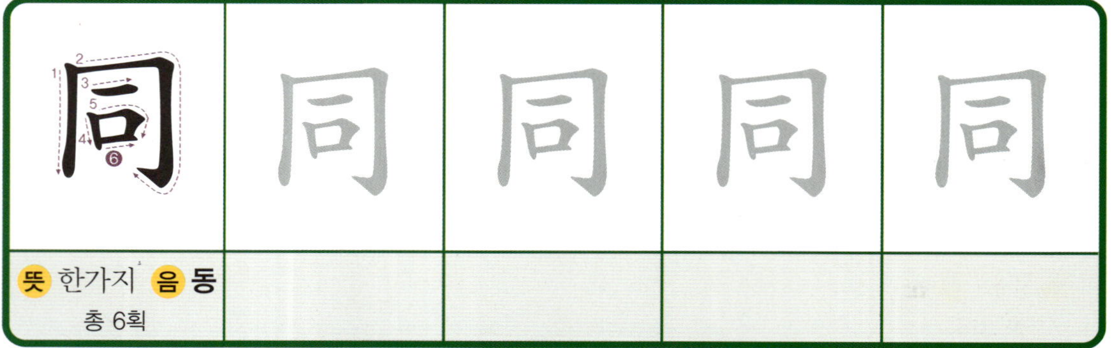

뜻 한가지 음 동 총 6획	同	同	同

알아보기

문 앞에서 물어 본다! 물을 문!

- '問'은 문(문 **문** 門) 앞에서 입(입 **구** 口)으로 소리 내어 묻는다는 데서 '묻다'를 뜻합니다.
- 부수한자는 입 **구** 口입니다.

◉ 여러 가지 뜻과 음

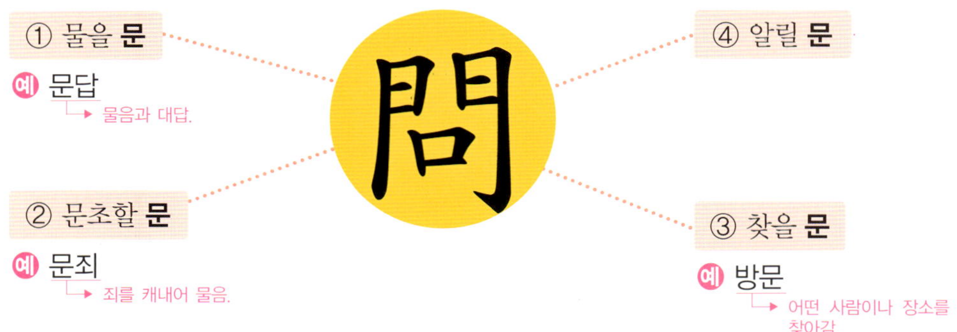

① 물을 **문**
예 문답
→ 물음과 대답.

② 문초할 **문**
예 문죄
→ 죄를 캐내어 물음.

問

④ 알릴 **문**

③ 찾을 **문**
예 방문
→ 어떤 사람이나 장소를 찾아감.

◉ 필순에 따라 쓰기

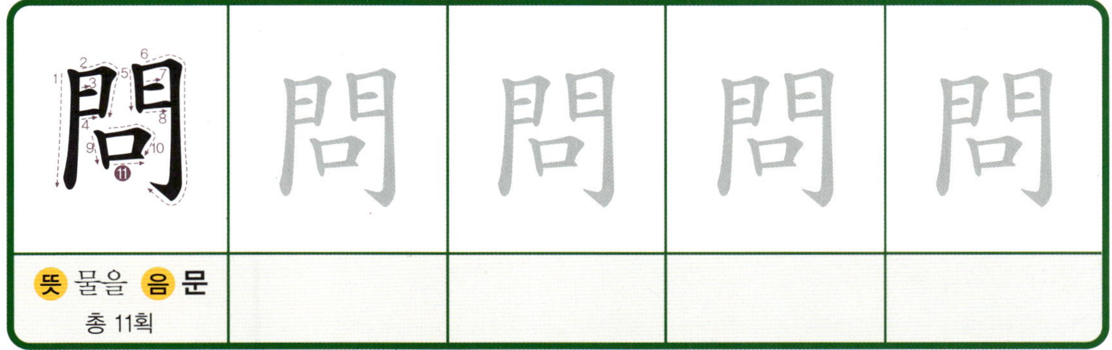

問	問	問	問	問

뜻 물을 음 문
총 11획

나타부한! 이름 명 名 7급

◉ 여러 가지 뜻과 음

◉ 필순에 따라 쓰기

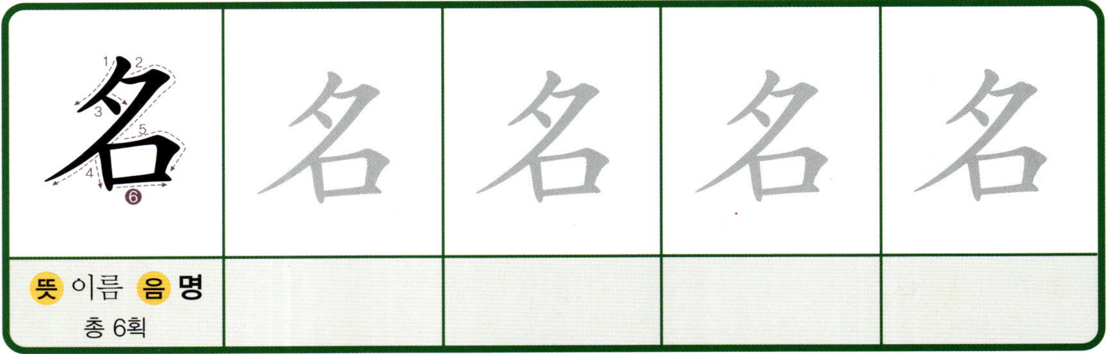

名	名	名	名	名
뜻 이름 음 명 총 6획				

나타부한! 사이 간 間  7급

문틈 사이로 떠오르는 해! 사이 간!
- '間'은 문(문 문 門)틈 사이로 해(해 일 日)가 떠오르는 것을 나타낸 글자로, '사이'를 뜻합니다.

◉ 여러 가지 뜻과 음

◉ 필순에 따라 쓰기

間	間	間	間	間
뜻 사이 **음** 간 총 12획				

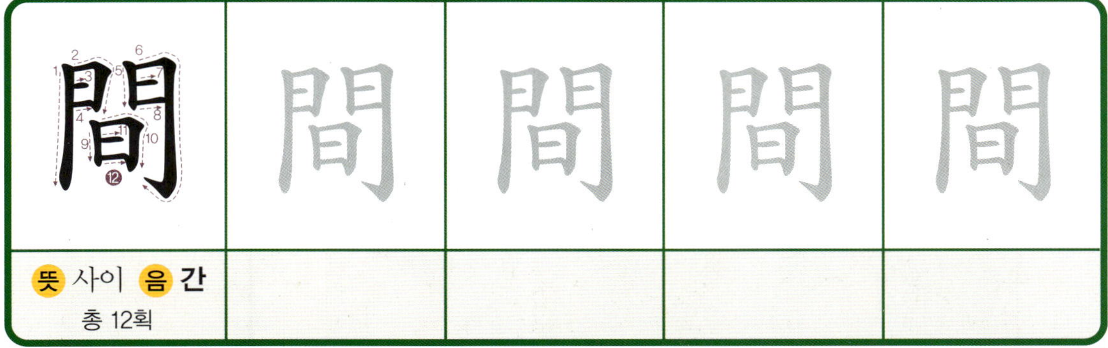

한자 파자 놀이

※파자 (깨뜨릴 파 破, 글자 자 字) : 한자의 자획을 풀어 나눔.

田

밭 전

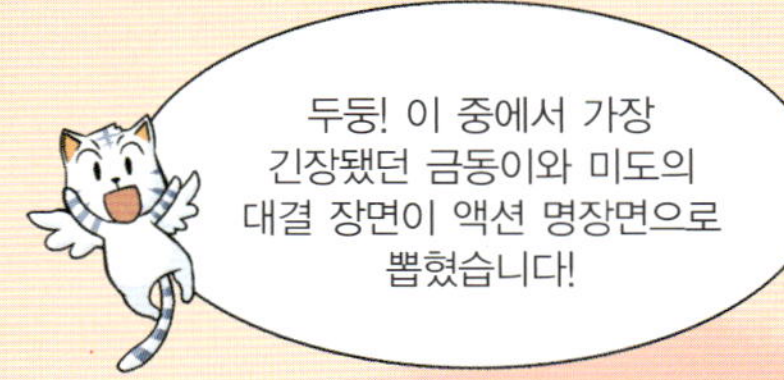

두둥! 이 중에서 가장 긴장됐던 금동이와 미도의 대결 장면이 액션 명장면으로 뽑혔습니다!

감사합니다!

土
흙 토
땅(흙 토 土) 위에
一
한 일
하나 (한 일 一)인 사람은?

王

임금 **왕**

흙 위에 뭘 쓰는 거야?
한 일 一!

한자 파자 놀이

이번엔
주인공들이 직접
뽑는 우정상입니다.
후보는 나타부한
등장인물 모두!

木
나무 목
나무
(나무 목 木)
한 그루 옆에
木
나무 목
나무 한 그루
가 더 있으면?

林
수풀 림

나무
두 그루를
심어 보자.
네,
스승님.

◉ 물을 **문** 問, 심을 **식** 植

- 질문(바탕 **질** 質, 물을 **문** 問) : 모르는 점을 물음.
- 식물(심을 **식** 植, 물건 **물** 物) : 생물계의 두 갈래(동물, 식물) 가운데 하나로, 온갖 나무와 풀을 가리킴.

◉ 이름 **명** 名, 왼 **좌** 左

- 호명(부를 **호** 呼, 이름 **명** 名) : 이름을 부름.
- 좌측(왼 **좌** 左, 곁 **측** 側) : 왼쪽.

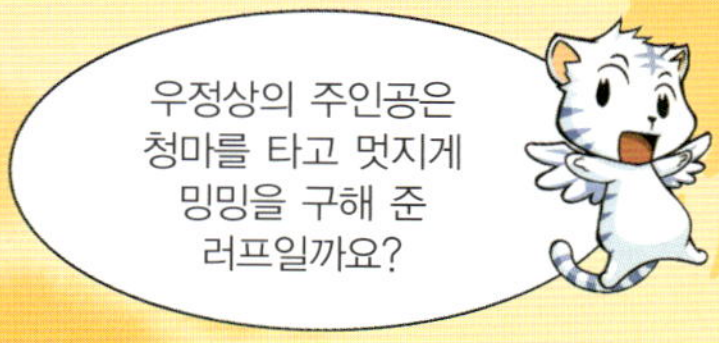

◉ 사이 **간 間**

- 순간(깜짝일 **순** 瞬, 사이 **간** 間) : 아주 짧은 동안. 어떤 일이 일어난 바로 그때.
- 시간(때 **시** 時, 사이 **간** 間) : 어떤 행동을 할 틈.

국어

- 문제(물을 **문** 問, 제목 **제** 題) : 해답을 요구하는 물음. 해결하기 어렵거나 난처한 일.
- 동시(한가지 **동** 同, 때 **시** 時) : 같은 때나 시기.

수학

- 도형(그림 **도** 圖, 모양 **형** 形) : 그림의 모양이나 형태. (삼각형, 사각형, 원 등)

사회

- 협동(화합할 **협** 協, 한가지 **동** 同) : 힘과 마음을 합함.

과학

- 영하(떨어질 **영** 零, 아래 **하** 下) : 섭씨온도계에서, 눈금이 0℃ 이하의 온도.
- 영상(떨어질 **영** 零, 위 **상** 上) : 섭씨온도계에서, 눈금이 0℃ 이상의 온도.

1 다음 만화를 보고 밑줄 친 漢字(한자)의 讀音(독음)을 쓰세요.

(1) (　　　　　　　　　) (2) (　　　　　　　　　)

2 다음 만화를 보고 밑줄 친 漢字(한자)의 讀音(독음)을 쓰세요.

(1) (　　　　　　　　　) (2) (　　　　　　　　　)

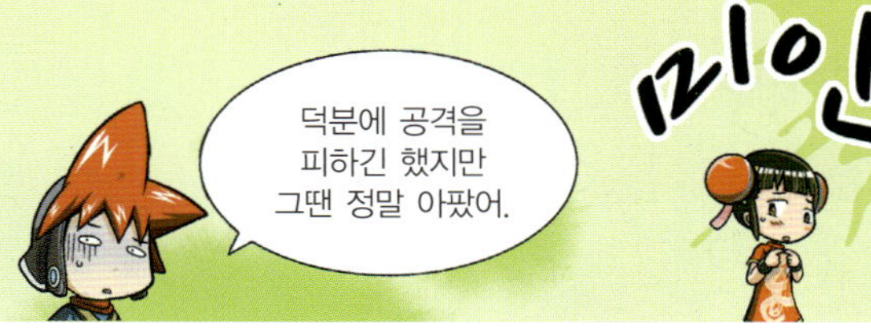

3 아래 만화에 있는 漢字(한자)의 訓(훈 : 뜻)과 音(음 : 소리)을 쓰세요.

(   )

4 아래 만화에 있는 漢字(한자)의 訓(훈 : 뜻)과 音(음 : 소리)을 쓰세요.

(   )

5 다음 한자의 ㉠획의 쓰는 순서를 아래에서 찾아 번호를 쓰세요. ················ (   )

① 첫 번째 　　　　　　② 두 번째

③ 세 번째 　　　　　　④ 네 번째

6 다음 한자의 ㉠획의 쓰는 순서를 아래에서 찾아 번호를 쓰세요. ··············· (   )

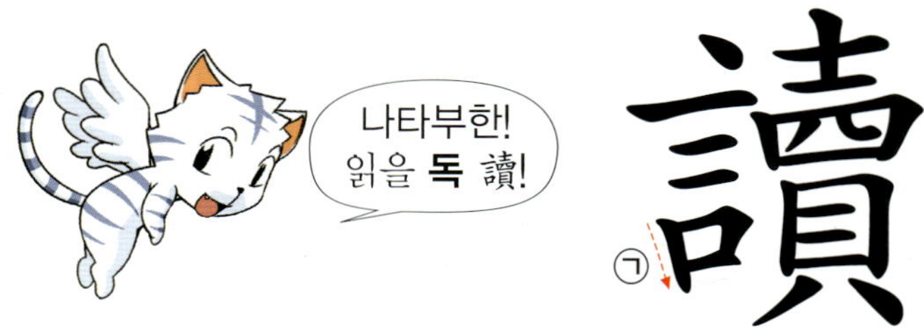

① 세 번째 　　　　　　② 네 번째

③ 다섯 번째 　　　　　　④ 여섯 번째

7 다음 만화를 보고 밑줄 친 말에 해당하는 漢字(한자)를 〈보기〉에서 찾아 번호를 쓰세요.

〈보기〉 ① 言 ② 圖 ③ 左 ④ 問

(1) 왼쪽 (　　　　　)

(2) 묻다 (　　　　　)

8 다음 만화를 보고 밑줄 친 말에 해당하는 漢字(한자)를 〈보기〉에서 찾아 번호를 쓰세요.

〈보기〉 ① 名 ② 林 ③ 分 ④ 同

(1) 이름 (　　　　　)

(2) 같다 (　　　　　)

급수 한자 실력 쌓기

9 빈칸에 알맞은 漢字(한자)를 보기 에서 찾아 번호를 쓰세요.

보기 ① 人 ② 植 ③ 不 ④ 上

(1)

(2)

(3)

(4)

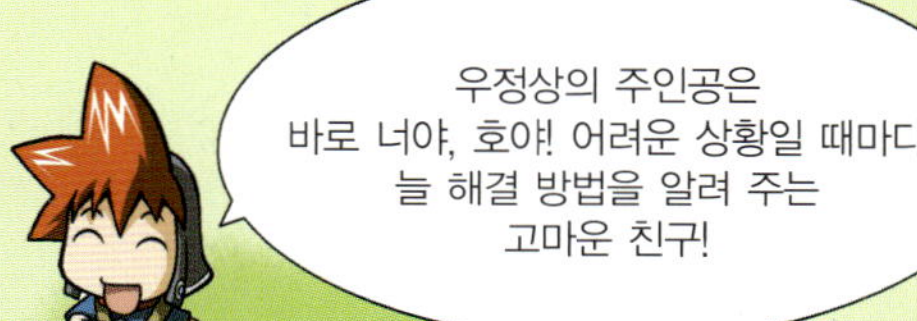

공통으로 쓰인 한자 찾기

10 밑줄 친 ㉠과 ㉡에 공통으로 쓰이는 漢字(한자)를 **보기** 에서 찾아 번호를 쓰세요.

보기 ① 示 ② 間 ③ 名 ④ 同

(1)

(   )

(2)

(   )

필순 미로 탈출

축하해, 호야!
넌 최고로 멋진
친구야!
으앙~
모두들 정말
고마워!
필순 따라
출발!
도착!

1 (1) 언 (2) 불 **2** (1) 도 (2) 분 **3** 심을 식 **4** 빠를 속 **5** ② **6** ③ **7** (1) ③ (2) ④ **8** (1) ①
(2) ④ **9** (1) ③ (2) ① (3) ② (4) ④ **10** (1) ④ (2) ②

풀이

1 (1) 言 : 말씀 **언** (2) 不 : 아닐 **불**

2 (1) 圖 : 그림 **도** (2) 分 : 나눌 **분**

3 植 : 심을 **식**

4 速 : 빠를 **속**

5 各 : 각각 **각** (′ ク 夕 夕 各 各)

6 讀 : 읽을 **독** (` ㄴ ㅋ 言 言 言 言 言 讀 讀 讀 讀 讀 讀 讀 讀 讀 讀 讀 讀 讀)

7 (1) 左 : 왼 **좌** (2) 問 : 물을 **문**

8 (1) 名 : 이름 **명** (2) 同 : 한가지 **동**

9 (1) 不 : 아닐 **불** (2) 人 : 사람 **인** (3) 植 : 심을 **식** (4) 上 : 위 **상**

10 (1) 同 : 한가지 **동** (2) 間 : 사이 **간**

심을 **식**

植   7급

木 + 直 → 植

- 필순 : 一 十 才 才 才 才 杧 枯 枯 植 植 植

수풀 **림**

林   7급

林 → 林 → 林

- 필순 : 一 十 才 才 才 村 材 林

3

나타부한!
한 일 ─!

위 **상**

7급

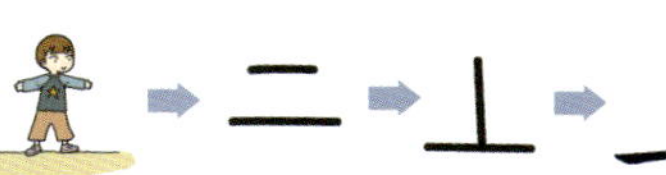

• 필순 : ㅣ 卜 上

아래 **하**

7급

• 필순 : 一 丅 下

나타부한!
입구 ㅁ!

물을 **문**

7급

 → 門 + 口 → 問

- 필순 : 丨 丨 ｆ ｆ ｆ ｆ 門 門 門 門 門 問 問

한가지 **동**

7급

 → 凬 → 同 → 同

- 필순 : 丨 冂 冂 冋 同 同

8

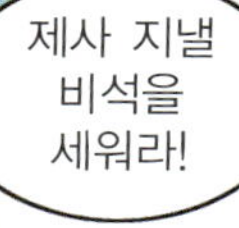

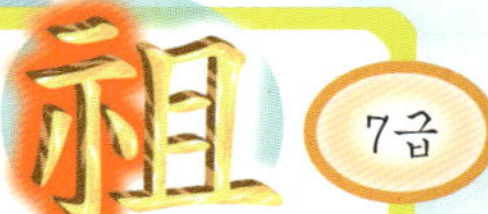

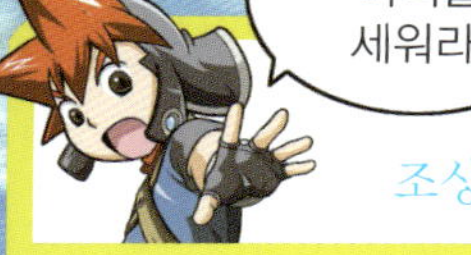

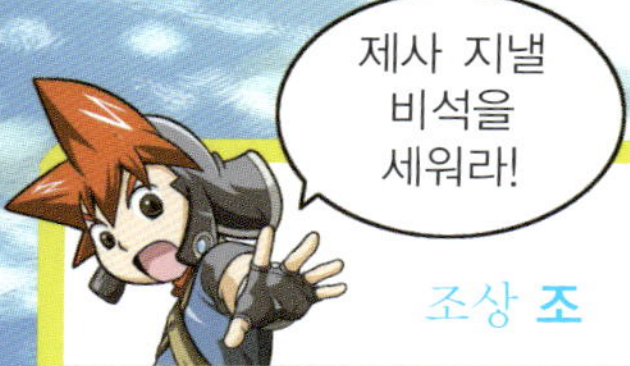

조상 **조** 祖

7급

示 + 且 → 祖

• 필순 : 귀신 **신** 神

6급

示 + 申 → 神

• 필순 :

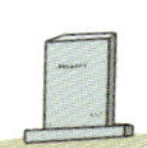

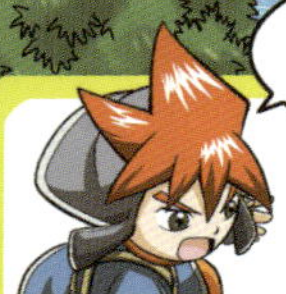

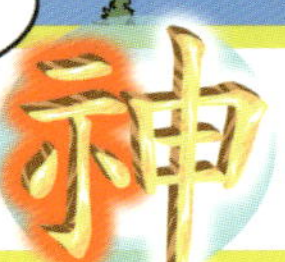

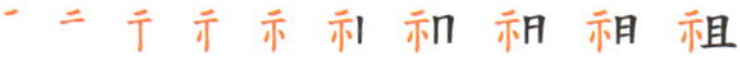

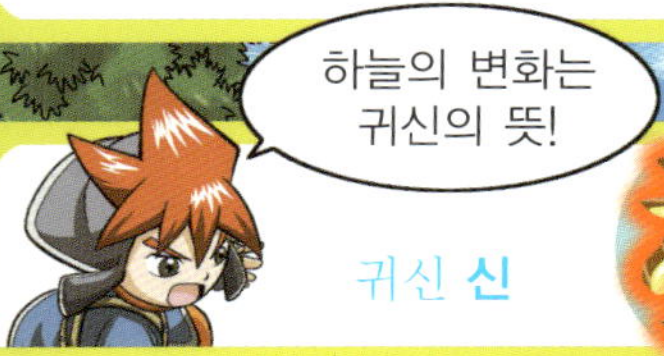

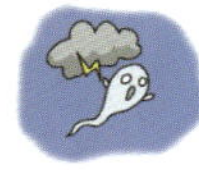

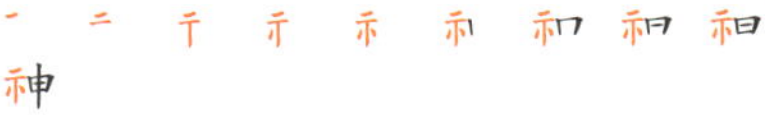

도형 퀴즈 1

직선 3개로
옆의 동그라미를
일곱 조각으로
나눠 보세요.

에이~ 어떻게
그렇게 해? 패스!

해 보지도
않고 포기하면
안 돼!

10

※정답은 42쪽에!

도형 퀴즈 2

※정답은 42쪽에!

한 붓 그리기 퀴즈 1

※정답은 42쪽에!

옆의 그림을
종이에서 펜을
떼지 않고 한 번에
그려 보세요.

어떻게
하면 될지
알겠어!

헤헤,
나도!

※ 정답은 42쪽에!

왼쪽과 오른쪽 그림에
서로 다른 부분이 다섯 군데
있구나. 찾을 수 있겠느냐?

※정답은 43쪽에!

왼쪽과 오른쪽 그림에
서로 다른 부분이 네 군데
있구나. 찾을 수 있겠느냐?
20

※정답은 44쪽에!

21

왼쪽과 오른쪽 그림에
서로 다른 부분이 네 군데
있구나. 찾을 수 있겠느냐?

생명 나무 곳곳에
나타부한 친구들이 숨어 있어요!
미도는 어디 있을까요?

등장 인물 퀴즈
※정답은 46쪽에! 25

나는 천 년
묵은 구미호, 미도!
다음 중 내 그림자는
어떤 것일까요?

①

②

③

※정답은 47쪽에! **27**

멋진 일지매로
변신한 금동이! 일지매 옷에
매화 무늬가 맞는 것을
골라 보세요.

①

28

등장 인물 퀴즈
②
③
※정답은 47쪽에! 29

다음 중
우리 아빠가
수풀을 푸르게
만들기 위해 사용한
마법 한자는
무엇일까요?
푸항
나타부한!
푸르게
자라라!
30

① 刀
칼 **도**

② 靑
푸를 **청**

③ 一
한 **일**

다음 중
하늘 고을로
가는 길을 묻기 위해
사용한 마법 한자는
무엇일까요?
나타부한!
하늘 고을로
가는 길을
묻는다!
차아아아앙

등장 인물 퀴즈
① 神
귀신 신
② 植
심을 식
③ 問
물을 문
※정답은 47쪽에! 33

나도 작가!

<상황 1>

〈상황 2〉

〈상황 3〉

〈상황 4〉

〈상황 5〉

학년   반
이름 :

나타부한!
나무 목 木!

<상황 6>

<상황 7>

나에게 맞는 스트레스 해소법!

① 

② 

③ 

④ 

① 떡 – 여행
여행을 하거나 탁 트인 바닷가
에서 맨발로 모래를 밟고 산책을
하며 스트레스를 풀어요.

② 소시지 – 먹는 것 또는 쇼핑
평소 먹고 싶었던 것을 마음껏 먹고
쇼핑을 하면 스트레스가 풀릴
거예요.

③ 라면 – 재미있는 방송
웃기는 예능 프로그램을 보며
실컷 웃으면 스트레스가 확 풀릴
거예요.

④ 버섯 – 노래방
친구들과 노래방에서 재미있게
놀고 수다로 스트레스를 푸는
것이 좋을 것 같네요.

내가 받고 싶은 고백 스타일!

①

②

③

④

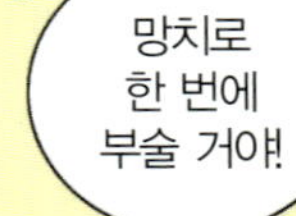

① 주문을 외워 본다.
로맨티스트인 당신은 꽃다발 선물이 준비된 멋진 분위기에서의 고백을 기다리는군요.

② 속임수가 있는지 살펴 본다.
재밌는 사람을 좋아하는 당신은 "우리 같이 놀러가자!"와 같은 가벼운 고백을 받고 싶어 하네요.

③ 열쇠 구멍에 바늘을 넣는다.
신중하고 생각이 많은 당신은 직접 듣는 고백보다 편지를 통한 고백을 좋아하겠네요.

④ 망치로 한 번에 부순다.
터프한 사람을 좋아하는 당신은 "나만 믿어!"와 같은 박력 있는 고백을 기다리고 있군요.

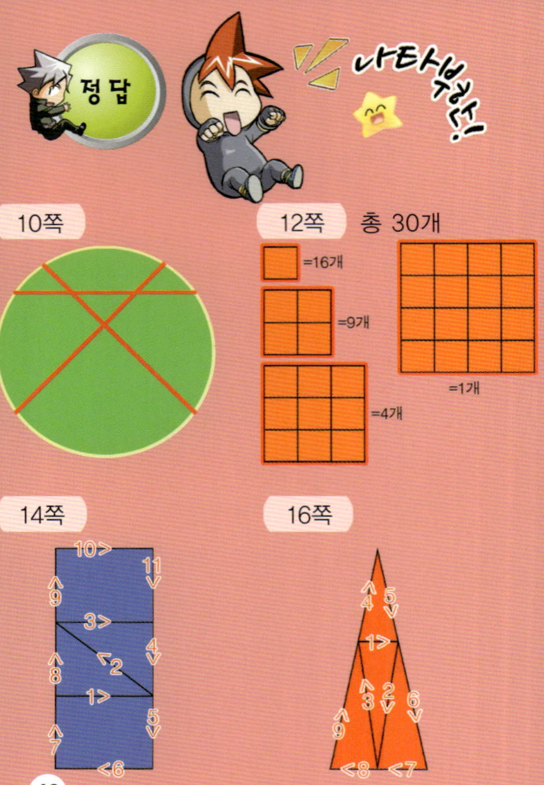
정답
나타났순!
10쪽
12쪽
총 30개
=16개
=9개
=4개
=1개
14쪽
16쪽
42

헤헤, 여기
숨어 있었지롱!

26쪽

28쪽

30쪽

②

푸를 **청**

32쪽

③

물을 **문**

어떤 모험이
우리를 기다리고
있을까?
분명
지금까지보다
더 신 날 거야!